Leyendas,
mitos, cuentos y otros relatos
de los
INDIOS DE LAS PRADERAS
NORTEAMERICANAS

Presentados para los chicos
por Nahuel Sugobono

longseller
WITHDRAWN
www.intlschool.org
Portland, Oregon

**Leyendas, mitos, cuentos y otros relatos de los
Indios de las praderas norteamericanas**
© Longseller, 2005

DIRECCIÓN EDITORIAL: Irene Acero
EDITORA: Diana Blumenfeld
INVESTIGACIÓN: Carlos Martínez Sarasola
TEXTOS: Nahuel Sugobono
REVISIÓN DE TEXTOS: Fernando Córdova
DISEÑO: Lucía Vainstein
ILUSTRACIONES: Huadi
PROPUESTAS PEDAGÓGICAS: Fernanda Raiti

Longseller S.A.
Casa matriz: Av. San Juan 777
(C1147AAF) Buenos Aires - República Argentina
Internet: www.longseller.com.ar
E-mail: ventas@longseller.com.ar

398.2
SUG
	Sugobono, Nahuel
	    Leyendas, mitos cuentos y otros relatos de los
	indios de las praderas norteamericanas.-1ª ed.;1ª reimp.-
	Buenos Aires: Longseller, 2005.
	96 p.; 21x15 cm.- (Leyendas, mitos, cuentos y
	otros relatos)
	
	    ISBN 987-550-278-2
	
	    I. Título — 1. Literatura folklórica - América del Norte

Queda hecho el depósito que marca la ley 11.723.

Libro editado e impreso en la Argentina.
Printed in Argentina.

La fotocopia mata al libro y es un delito.

No se permite la reproducción parcial o total, el almacenamiento,
el alquiler, la transmisión o la transformación de este libro, en cualquier
forma o por cualquier medio, sea electrónico o mecánico, mediante
fotocopias, digitalización u otros métodos, sin el permiso previo
y escrito del editor. Su infracción está penada por las leyes 11.723 y 25.446.

 Esta edición de 3.000 ejemplares se terminó de imprimir
en la Planta Industrial de Longseller S.A., Buenos Aires,
República Argentina, en enero de 2005.

*Este libro está dedicado a
nuestros hermanos indios de las praderas
norteamericanas.*

ÍNDICE

Ubicación de las Praderas en América del Norte

CANADÁ

ESTADOS UNIDOS
DE NORTEAMÉRICA

Océano
Atlántico

Océano
Pacífico

MÉXICO

América
del
Norte

Océano
Atlántico

Océano
Pacífico

América
del
Sur

Ártico

Subártico

Costa NO

Meseta

California

Bosques orientales

Sudeste

PRADERAS

Sudoeste

Mesoamérica

7

PRÓLOGO

Los pueblos aborígenes a través de sus leyendas, mitos, cuentos y relatos

Los pueblos indígenas de América son, en buena medida, los descendientes de las poblaciones originarias que están en el continente desde hace más de treinta mil años.

A través de todo ese tiempo fueron conformando importantes culturas. Cuando los conquistadores europeos llegaron a América hace poco más de cinco siglos, se encontraron con hombres y mujeres que eran los herederos de ese transitar de miles y miles de años de conformación cultural.

Agricultores, en lugares clave como Mesoamérica y las alturas de los Andes; cazadores de la selva amazónica o del Gran Chaco; agricultores, navegantes y pescadores en mares y grandes ríos; cazadores en las llanuras norteamericanas y las pampas de Sudamérica; gentes de las canoas, cazadores y pescadores en el extremo sur o en las costas del Ártico en el Norte; y decenas de grupos étnicos habitantes en islas, en grandes lagos, en el interior de los bosques, en la cima de montañas interminables.

Muchas de esas culturas constituyen hoy una parte significativa del conjunto de nuestra población. Países como Guatemala, Ecuador, Bolivia, Perú y México presentan los índices demográficos mayoritarios. Son nuestros hermanos, los originarios, los primeros. Y han sido también protagonistas de las historias de cada uno de nuestros países.

Salvo casos excepcionales, ninguna de esas etnias poseía escritura, pero todas tuvieron una riquísima tradición oral, es decir, la transmisión de sus conocimientos por medio de la palabra. Alrededor de un fuego, en medio de la llanura infinita o en el resguardo protector de la selva; sobre una canoa o en la cima de un cerro, infinidad de narraciones fueron contadas de padres a hijos, de ancianos a jóvenes, de jefes a guerreros, de sabios a toda la comunidad.

Esos relatos nos hablan de cómo eran esos pueblos en sus orígenes, de la relación profunda con los dioses, con la naturaleza, con los animales, con el universo. Nos hablan, en síntesis, de su cosmovisión; nos dan cuenta de cómo esas comunidades se instalan en el mundo y qué piensan y sienten acerca de la vida. Los propios indígenas consideran que muchos de esos relatos son verdaderos —lo que para nosotros son los mitos— y que otros son "cuentos" —las leyendas, los cuentos—. Todos explican el mundo y al ser humano.

Recuperar y seleccionar estas narraciones esenciales es un aporte a la imprescindible tarea colectiva de saber quiénes somos como sociedad y asumir la riqueza de las diferencias. Es una manera de destacar la presencia de las comunidades indígenas en nuestra historia y un modo de comprender que otros pueblos tienen valores fundamentales que todos podemos recrear.

Tal es el sentido de esta colección, que tiene un agregado: está dirigida muy especialmente a los chicos, a las nuevas generaciones que con toda seguridad harán de este mundo un sitio más armonioso y respetuoso con todo lo viviente.

Si bien la colección ha sido pensada desde la Argentina, no desconoce la gran importancia de otras etnias a lo largo del continente. Es más, todos esos grupos, con sus riquísimas historias y culturas, expresan, más allá de las diferencias, una profunda unidad que también queremos revalorizar.

Es por eso que hoy continuamos la colección con los indios que vivían en las extensas planicies del centro de Norteamérica, desde el río Saskatchewan por el norte (Canadá) hasta el río Grande (México) por el sur; y al este desde los valles de los ríos Mississippi y Missouri hasta las Montañas Rocallosas en el oeste. Son los indios de las llanuras o las praderas, cuyos descendientes todavía viven en buena parte de esos vastos territorios.

Eran cazadores de los muchos animales que habitaban las llanuras, como el berrendo o antílope americano, pero muy especialmente del bisonte, ese legendario animal alrededor del cual basaron su subsistencia. Su ideal de vida se centraba también en torno a la guerra, pero no entendida como pura violencia, sino como fuente de honor y de gloria. El sentido guerrero estaba además muy relacionado con el mundo sobrenatural: las ceremonias previas, las búsquedas de visiones que les dieran indicios acerca de la victoria, la utilización de escudos circulares dotados de poderes protectores, la participación del caballo no sólo como parte indispensable para las excursiones guerreras sino como animal sagrado, las ceremonias de purificación al regreso de los combates.

La poderosa cosmovisión de estos guerreros y cazadores de las llanuras se asentaba en la creencia de un poder impersonal, al que llamaban Gran Espíritu, Gran Misterio o Gran Medicina: el *Wakan Tanka* de los sioux. El Universo se estructuraba alrededor del principio de la Cuaternidad: los cuatro puntos cardinales, los cuatro vientos generadores de la vida, las cuatro edades o eras. La pipa sagrada o *calumet*, uno de los principales elementos de estos pueblos indios, concentraba todo este simbolismo, y por eso colgaban de ella cuatro cintas que representaban las cuatro regiones del Universo. Entre los oglala, cada una de estas regiones tenía sus correspondencias con un color, un personaje mítico o una estación, con un elemento, una edad, y era portadora de algo benéfico. El Oeste correspondía al color negro, los personajes eran las criaturas del trueno, lo benéfico que traía era la lluvia, el elemento era el agua y la edad era la del arco. El Norte correspondía al blanco, al viento, la purificación, el aire y la edad del fuego; el Este, al rojo, la luz, el conocimiento, el fuego y la edad de la Pipa; el Sur, al amarillo, el calor, el poder de crecer, la tierra y la edad de la piedra.

La idea de tres mundos o planos del universo estaba muy extendida: el inframundo, el cielo y la tierra, unidos por el *axis mundi* o árbol de la vida. Junto a esta noción estaba la del círculo, como expresión del poder del universo. Como decía el hombre de conocimiento Black Elk (Alce Negro): "Todo lo que hace el indio lo hace en un círculo, y esto es así porque el Poder del Mundo siempre actúa en círculos y todas las cosas tienden a ser redondas. En los días de antaño, cuando éramos un pueblo fuerte y feliz, todo nuestro poder nos venía del círculo sagrado de la nación".

Es probable que el sentido del nomadismo de estas culturas no haya estado relacionado solamente con la búsqueda constante de sus presas, sino con esta idea de lo circular y del movimiento permanente, tan esencial a la vida. Decía Satanta, jefe kiowa: "No quiero establecerme. Adoro vagar por las praderas. Allí me siento libre y feliz; pero cuando nos establecemos nos volvemos pálidos y morimos".

Desde mediados del siglo XIX y hasta sus fines, la matanza indiscriminada de bisontes a manos de los "cazadores de pieles", la emigración hacia el oeste de miles de colonos que trastocaron la vida originaria de las llanuras y fundamentalmente las acciones militares, que fueron en considerable aumento, terminaron con este mundo indio de libertad y acabaron con los últimos bastiones de resistencia liderados principalmente por comanches, kiowas, arapahoes, cheyenes, sioux y apaches.

Sin embargo, los descendientes de esos guerreros y cazadores viven hoy un resurgimiento porque han sabido reagruparse, siendo fieles a sus valores y tradiciones y manteniendo en alto sus reivindicaciones.

Nahuel Sugobono se encargará esta vez de rescatar el mágico mundo de las narraciones de nuestros indígenas, y hoy lo hace con los indios de las praderas norteamericanas, esos hombres y mujeres que siguen en nuestros días unidos profundamente a la naturaleza y el universo, enseñándonos que la vida es tan efímera y frágil como vital, tal como un día lo dijo Pie de Cuervo, jefe de los pies negros. Él se preguntó entonces: "¿Qué es la vida?", y se respondió: "Es el destello de una luciérnaga en la noche. Es el aliento de un bisonte en invierno. Es la pequeña sombra que cruza la hierba y se pierde en el ocaso".

Carlos Martínez Sarasola
Buenos Aires, diciembre de 2002

INDIOS DE LAS PRADERAS

Sarcee
Plains Cree
Pies Negros
Gros Ventre
Plains Ojibwa
Assiniboin
Crow
Teton Sioux
Yankotanai Sioux
Cheyenne
Santee Sioux
Yankton Sioux
Arapaho
Pawnee
Oto
Iowa
Kansa
Kiowa
Osage
Comanche
Wichita
Quapaw
Apache
Tonokawa

UN MUNDO DE TIPIS

Tenían grandes asentamientos ubicados a la vera de algún río. Cientos de caballos pastaban alrededor del campamento. Este era un conjunto de "tipis" (en idioma lakota: vivienda). Se montaban y desmontaban rápidamente y eran fáciles de transportar. Originariamente, la cubierta era de pieles de bisonte, pero hacia fines del siglo XIX se reemplazó con lonas.

JEFES

Tuvieron jefes muy importantes; eran hombres que reunían en sí un conjunto de atributos que los hacía únicos. Líderes de sus pueblos, eran jefes de la guerra y hombres sagrados. Toro Sentado, Caballo Loco, Nube Roja, Gerónimo son algunos de esos nombres legendarios.

GUERREROS Y CAZADORES

Los varones eran educados en el arte de la guerra, de la caza y en el cuidado del caballo. A los trece años participaban de su primera cacería de bisontes. A los quince, estaban en condiciones de ir a excursiones guerreras.

VIVIR CON LOS BISONTES

Fue la gran fuente de alimento. Los cazadores se disfrazaban con pieles de lobo u otro animal para acercarse a las manadas. Con la incorporación del caballo, las técnicas de caza cambiaron. Los indios cercaban a los bisontes armados con arco y flecha. El cazar un bisonte era símbolo de valor. El alimento que sobraba se conservaba (el *pemmicam*). Hacia 1880, los buscadores de pieles casi los extinguieron.

NORTEAMERICANAS

EL CABALLO, AMIGO iNSEPARABLE

Lo consideraban un animal sagrado. Los pintaban para las cacerías y los combates con figuras de libélulas (espíritu protector de la lluvia y las tormentas), cuernos del berrendo americano (símbolo de la velocidad y el poder), manos (enemigos caídos en combate), etc. Lo llamaban "el perro misterioso".

MUJERES

Tenían los mismos derechos que los hombres. Criaban a los hijos, recolectaban frutos, preparaban y almacenaban la comida, confeccionaban la ropa y construían los "tipis". Las niñas eran aceptadas en ceremonias especiales con plegarias a la Mujer Bisonte Blanco.

HOMBRES-MEDICINA

O chamanes, tenían un lugar privilegiado en la comunidad. Podían ser hombres o mujeres; se encargaban de curar, conectarse con los planos sobrenaturales y predecir acontecimientos. En los rituales de curación, se purificaban junto al paciente en las "cabañas de sudar". El tabaco de la pipa era sagrado y con él se comunicaban con los dioses.

En la actualidad...

La pérdida de la tierra y la casi extinción de los bisontes hacia fines del siglo XIX provocó un golpe para las culturas de las llanuras. La revitalización de las tradiciones es una forma para reencontrarse y mantener la identidad. La Native American Church retoma la ceremonia del peyote introducida por nativos desde México. Ceremonias como la Danza del Sol y el Sweat Lodge son también de práctica común en muchos grupos. El sistema educativo indio incluye universidades. En la Sinte Gleska, en Dakota del Sur, se enseña la tradición oral y a trabajar con el patrimonio arqueológico. Muchos grupos indios viven hoy del turismo.

YELLOWTAIL, JEFE DE LOS CROWS, 1979

COMUNIÓN CON LA NATURALEZA

Más de treinta grupos étnicos poblaban la amplia
franja central que recorre, de norte a sur,
los actuales Estados Unidos. Aunque compartían
muchas cosas, como ritos y creencias similares
y viviendas y métodos de caza comunes, también
había ciertas diferencias entre ellos; si bien
la gran mayoría era nómada, algunos pueblos
eran agricultores; para éstos el maíz era el
eje de su alimentación, y se lo consideraba
una planta sagrada.
Las Praderas fueron habitadas por estos grupos
indígenas (sioux, comanches, cheyenes, pies
negros, crows) recién entre los siglos XVII
y XVIII, es decir, unos doscientos años
después de la llegada de Colón a América.
Con anterioridad habían estado pobladas,
pero eran más que nada un territorio de paso
o de caza ocasional.
El poblamiento de las Praderas se facilitó con la
llegada del caballo, que introdujeron los
españoles en 1547. Así, pueblos como los sioux o
los cheyenes, que eran agricultores al este de las

Praderas, pudieron pasar a tener una vida nómada como cazadores, siguiendo los movimientos del bisonte.

Entre los ritos que se extendían de manera general estaba la Danza del Sol, que era una manera de agradecer al "Gran Espíritu" por el don de la vida, a la vez que se pedía por el bienestar del pueblo. En el "pedido de la visión", por su parte, el indio se retiraba para implorar a los espíritus por una visión. La espera podía durar cuatro días, hasta que recibía un "poder" o "medicina" —es decir, una fuerza sobrenatural que lo protegía— por parte de algún animal sagrado.

Porque si algo caracterizaba a los pueblos de las llanuras era su profundo sentido de lo sagrado y su comunión con la naturaleza: todo lo que rodeaba al ser humano era venerable, de ahí la reverencia del indio por todo su entorno natural.

El elemento sagrado más importante para muchos pueblos indígenas era la pipa de la paz que, dicen, les fue enviada desde el Cielo. Con la llegada de esa "pipa sagrada" a los indios comienza este libro.

La Mujer Bisonte Blanco y la pipa sagrada

Muchísimo tiempo atrás, tanto que los **sioux** apenas si sabían rezar alguna oración al **Gran Espíritu** (el Ser divino que está por encima de todas las cosas), hubo un terrible invierno. Los indios andaban flacos y débiles, alimentándose de raíces y carne seca que habían reservado de tiempos mejores.

Para terminar con ese período tan difícil, el jefe envió a dos exploradores a que buscaran alimento. Estaban ambos rastreando algún animal para cazar, cuando vieron a una mujer bellísima. Uno de ellos sintió deseos de tomarla por mujer, pero el otro le advirtió que quitara tales pensamientos de su mente, ya que podría ser una mujer **wakan**, una mujer sagrada.

—Nada de eso —repuso el primero—. Es una mujer común, y voy a conquistarla —dijo, mientras se acercaba a la aparición. Cuando estaba por tocarla, una nube descendió sobre los dos. Entonces el *sioux* virtuoso oyó un fuerte ruido como de serpientes de cascabel, y crujido de huesos.

Momentos después, la nube se disipó, y del indio malo sólo quedaban huesos humeantes. Luego habló la mujer sagrada:

—No temas. Por tu virtud has sido elegido para recibir la revelación que tengo que manifestar a tu pueblo. Diles que se preparen para mi llegada. Mañana iré al campamento.

Se preparó un **tipi** (la vivienda cónica de los **sioux**) para recibir a la mujer sagrada y, como había predicho, ella se presentó por la mañana. Llevaba una bolsa de piel de bisonte, que desenvolvió cuidadosamente. La bolsa contenía una larga pipa de madera, con la cazoleta de piedra roja.

La mujer les enseñó a orar con esa pipa, el **calumet**, que debían ofrecer a las cuatro direcciones del espacio, al Cielo y a la Tierra. Del cañón de la pipa debían colgar plumas de águila, para recordar el poder del Cielo, mientras que la cazoleta de piedra roja, con una pequeña talla de bisonte en la punta, les recordaba la Tierra. Durante cuatro días la mujer sagrada los estuvo instruyendo en las ceremonias que hoy son los ritos sagrados de los **sioux**, y al terminar dijo:

—Mientras el pueblo crea en esta pipa y todos sean fieles al **Gran Espíritu**, serán una nación poderosa. Pero cuando dejen de reverenciar la pipa sagrada, entonces también dejarán de ser una nación.

Con estas palabras se alejó del campamento. Y mientras desaparecía de la vista, todos pudieron observar cómo se convertía en un bisonte hembra blanco, que se perdió trotando por la pradera.

El origen de la Danza del Sol

Había una vez un chico al que llamaban Pobrecito, porque era huérfano y no tenía amigos. Un día, el niño estaba solo en el bosque, llorando su tristeza y soledad, cuando se le acercó otro muchachito, muy hermoso, que le preguntó:

—¿Por qué lloras?

—No tengo a nadie con quien jugar —respondió Pobrecito algo avergonzado.

—Yo jugaré contigo —dijo el otro, y a partir de aquel día comenzaron a reunirse todas las tardes en el bosque para divertirse con varios juegos que conocía el visitante. Su juego preferido era uno en que clavaban varios postes en círculo, con otro poste más grande en el centro, y luego entonaban unos cantos que conocía el nuevo amigo (que no era otro que el **Lucero del Alba**).

El único pariente que tenía Pobrecito era una hermana mayor. Al notar ella las prolongadas ausencias de su hermano, le pidió a su esposo que averiguara qué hacía. Éste lo siguió y vio las danzas que realizaban los dos niños, pero se fue sin decir nada, pensando que allí debía haber algo sagrado.

Pobrecito creció, se hizo hombre y sus días con el misterioso amigo pasaron a ser un recuerdo. Cierto día, su cuñado le mencionó sus juegos de infancia y le dijo que creía que eran **medicina**, es decir, un poder sagrado.

—¿Por qué no practicas, ahora que eres hombre, lo que hacías de niño como un juego? —concluyó su pariente.

El joven estuvo de acuerdo, pero afirmó que si él lo hacía, su hermana debía desempeñar una función, y que no podría hacerlo a menos que jurara ser virtuosa. Ella se mostró dispuesta a consagrar la danza y, bajo la dirección del muchacho, se realizó la primera **Danza del Sol**, en la que los danzantes se unen al poste central por una cuerda que les atraviesa el pecho. La danza pasó a celebrarse anualmente entre todos los **cheyenes**, para pedir por el bienestar de la tribu y agradecer a los espíritus por los dones recibidos.

Cara Marcada y la cabaña de sudar

Entre los **pies negros** hubo cierta vez una hija de un jefe que era muy bella, y todos la querían por mujer. Pero ella había rechazado a todos los que se habían acercado a pedir su mano. Había también un joven pobre, que no se había atrevido a proponerle matrimonio debido a su falta de riquezas, y también porque tenía una desagradable cicatriz que le cruzaba la cara.

Sin embargo, a Cara Marcada —así se llamaba el muchacho— se le ocurrió que, habiendo rechazado a los ricos y apuestos, quizás ella lo aceptaría a él. Le ofreció casamiento, entonces, pero su propuesta fue recibida con tal desprecio que, muerto de vergüenza, Cara Marcada decidió huir del poblado.

Llevaba caminando sin rumbo varios días, cuando cayó a tierra, rendido por el cansancio y el dolor. Desde las alturas, lo vio el **Lucero del Alba**, quien decidió llevarlo al Cielo, donde vivían sus padres, el Sol y la Luna. Una vez allí, el Sol dijo:

—No lo hagas pasar todavía, pues huele mal. Prepara cuatro *cabañas de sudar*.

Y allí fue el **Lucero del Alba** a recoger ramas, las curvó y luego las clavó en la tierra, para cubrirlas por último con piel. Entonces el Sol tomó a Cara Marcada y lo introdujo en la primera cabaña, quemó hierbas aromáticas y esparció el humo sobre el cuerpo del hombre. Después metió, con la ayuda de una rama en forma de horquilla, unas piedras calentadas al fuego, sobre las que vertió agua. Mientras el vapor inundaba el interior de la cabaña, el Sol realizaba cantos sagrados. El mismo proceso tuvo lugar en cada cabaña y, cuando terminó la purificación de Cara Marcada, su cuerpo quedó como la luz amarilla del Sol. Después, éste le pasó una pluma por la cara, que le borró la fea cicatriz y lo dejó con el mismo aspecto que el **Lucero del Alba**.

El hijo del Sol y Cara Marcada se hicieron inseparables. En una de sus frecuentes salidas, encontraron unas

grandes aves de picos muy largos. El **Lucero del Alba** le estaba advirtiendo a Cara Marcada que no hiciera ruido porque esas aves habían matado a sus hermanos, cuando éstas los vieron y comenzaron a perseguirlos. El Lucero huyó velozmente, pero Cara Marcada agarró una maza y mató a todas las aves.

En agradecimiento, el Sol le regaló una trenza de hierbas aromáticas, la horquilla para mover las piedras calientes, y le enseñó a construir la **cabaña de sudar**. Cara Marcada regresó entonces a la Tierra, y todos estaban muy asombrados de ver su cambio de aspecto.

—Mírenme bien —dijo Cara Marcada—, tal como me veo ahora, así es el **Lucero del Alba**. El Sol me ha dado su **cabaña de sudar**, para que nos limpiemos de nuestras impurezas.

Y así fue como llegó la **cabaña de sudar** a la Tierra.

Muchacho Casero y el pedido de la visión

En un poblado de los **hidatsas** vivía un joven apuesto de larga cabellera. Parecía el guerrero perfecto, pero a él sólo le gustaba mirar a las muchachas, y nunca había participado en una batalla, por lo que los hombres de la tribu, en son de burla, le decían Muchacho Casero. Un día, el padre le dijo:

—Ya eres grande, y nunca has luchado. Eres una vergüenza para nuestra familia. Ve a la montaña y pide una **visión**.

El joven, obediente, se puso a rezar y a ayunar en la soledad del monte. Por la noche, le pareció oír acercarse a una banda enemiga. A toda velocidad volvió al poblado y les contó del peligro. Pero a la mañana siguiente no había rastros del enemigo, y todos se burlaron del cobarde Muchacho Casero. El padre, más enojado que nunca, volvió a enviarlo a la montaña.

Por segunda vez, el joven percibió que se acercaba un grupo

de guerreros. De pronto los vio venir: el primero de ellos lo atravesó con una flecha que lo derribó, y cada guerrero que pasaba lo golpeaba con una lanza curvada, las *varas de coup*. Cuando la banda terminó de pasar, Muchacho Casero escuchó una voz; ésta le anunciaba que alcanzaría grandes honores en batalla y se convertiría en un gran guerrero.

Un día, mientras descansaba con su mejor amigo, se puso de pie de un salto y dijo:

—Hoy participaré de la *Danza del Sol*.

Su compañero lo miró sorprendido, ya
que sólo los grandes guerreros participaban en
ese rito, pero no dijo nada. Cuando llegó el momento,
Muchacho Casero se acercó al recinto de la *Danza del
Sol*, se pintó la cara como si fuera un gran guerrero, y
se sentó en el lugar más importante. Durante la danza
tocó el poste central, jurando así que todo lo que decía
y hacía era verdad.

A la mañana siguiente partía una expedición guerrera,
y Muchacho Casero decidió unirse. Llamó aparte a su
amigo y le dijo:

—Me uniré más tarde a ustedes. Por la mañana verán
un lobo gris en el camino, y dirás: "Ése es Muchacho
Casero, ha visto al enemigo y yo reclamo el segundo
honor". Haz como te he dicho.

Y se separaron.

Durante la expedición ocurrió como había predicho el joven, aunque todos se burlaron cuando el amigo dijo que el lobo era Muchacho Casero. Pero más adelante, al doblar en una curva del camino, se encontraron con el joven, quien, frente a la sorpresa de sus compañeros, sólo dijo:

—Aquí cerca hay un campamento enemigo. —Y les explicó un plan para atacar. La incursión fue totalmente exitosa, y los guerreros volvieron alegres al poblado, con cantos de victoria.

Pero cuando llegaron, Muchacho Casero, exhausto, se hechó a dormir en su tienda. En la tribu no se hablaba de otra cosa que de sus hazañas. Los comentarios llegaron a oídos del padre, quien creyó que nuevamente se reían de su hijo. Hasta que vio que las ancianas y los pobres del poblado llegaban a su tienda y se llevaban mantas, pieles y otros objetos de valor, regalos que hace habitualmente un héroe que se ha destacado en batalla.

Entonces el padre se acercó adonde dormía Muchacho Casero y le preguntó:

—¿Es verdad lo que dicen?

—Padre, mira mi lanza —fue la respuesta. Al verla ensangrentada, el padre quedó convencido y se sintió orgulloso de su hijo, que vivió muchos años como un gran guerrero.

ANIMALES SAGRADOS

El indio era parte de la naturaleza; para él,
cada cosa manifestaba lo sagrado. También
los animales...

En primer lugar, el bisonte: se utilizaba
íntegramente, desde la carne hasta las pezuñas.
Era la fiel representación de la Madre Tierra y
su generosidad. Hacia 1800, había más de 60
millones de bisontes; pero en 1890 no quedaban
mil ejemplares: fue un exterminio programado
por los blancos para debilitar a los indios, que de
ellos dependían. En la actualidad, los bisontes
—recuperados— llegan a 200 mil individuos. (Algo
similar pasó con los indios, casi exterminados a
fines del siglo XIX: de los siete millones que se
estima había hacia 1500, quedaba menos de un
millón al comenzar el siglo XX. Hoy, la población
se calcula en unos tres millones.)

El águila, el ave que vuela más alto, cuya visión
abarca todo el horizonte y cuyas plumas
recuerdan los rayos del Sol, representa al Gran
Espíritu. Esas plumas se usaban en los penachos:
cada una recordaba una hazaña. Además, se creía
que el Pájaro Trueno —representación física de
las tormentas— era un águila gigantesca.

Al oso, que se alza en dos patas como un hombre,
se le atribuía un poder especial. Esto servía a los

hombres medicina —los chamanes, que eran a la vez médicos, sacerdotes y profetas— tanto en ceremonias como en curaciones.

Y no sólo se reverenciaba a los grandes: Iktomi, la araña, se destacaba por su tejido, su dominio de la tierra y el aire y su caminar, que parece un arrastrarse. En sus mitos y cuentos, Iktomi es un ser masculino orgulloso, astuto y fanfarrón; también héroe civilizador, y en ocasiones creador de todas las cosas.

El coyote tiene un papel ambivalente, similar al de la araña, y no falto de humor. En ambos se destacan los aspectos positivos y negativos provenientes del mismo Ser, que gobierna todo.

Y el caballo era para los indios un regalo del Gran Espíritu; no aceptaban que hubiera sido traído por los europeos. El "perro sagrado" —como lo llamaban— fue un bien tan preciado que una de las hazañas más destacadas de un guerrero era robar un caballo al enemigo.

Tales son los protagonistas de las siguientes historias...

Iktomi y el atrapasueños

Mucho tiempo atrás, un anciano **hombre medicina sioux** salió a suplicar por una **visión**. Llevaba consigo un aro de madera de sauce, del cual colgaban crines de caballo y plumas de águila. Cuando llegó al lugar elegido, colgó el aro de la rama de un árbol, realizó ofrendas y se dispuso a rezar. Sus ruegos fueron escuchados, y se le apareció **Iktomi**, la araña. Deslizándose lentamente hasta alcanzar el aro de sauce, **Iktomi** comenzó a hablarle al anciano sobre los ciclos de la vida.

—Todo actúa en círculos —dijo el espíritu—. El hombre nace pequeño e indefenso, crece y luego, en la vejez, vuelve a necesitar la ayuda de gente más fuerte que él. Las estaciones del año siguen la misma sucesión una y otra vez; el cielo es redondo, el Sol y la Luna son redondos, el viento se arremolina y forma círculos, y hasta

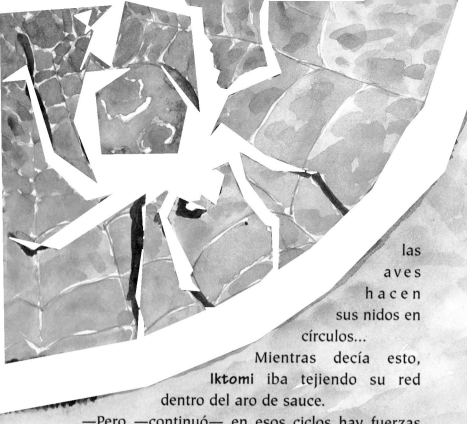

las
aves
hacen
sus nidos en
círculos...

Mientras decía esto, **Iktomi** iba tejiendo su red dentro del aro de sauce.

—Pero —continuó— en esos ciclos hay fuerzas buenas y fuerzas negativas. Si haces caso a las potencias buenas, seguirás el camino correcto y te harás fuerte; de lo contrario, perderás el camino. Debes aprender a reconocer las señales de las energías que pueden favorecerte y las de aquéllas que pueden dañarte.

Iktomi había terminado de hablar y de tejer su telaraña al mismo tiempo.

—Mira —dijo mientras entregaba el aro al anciano—, es un círculo perfecto. Pero hay un agujero en el centro. Honra al **Gran Espíritu** y este aro te protegerá a ti y a tu pueblo. Las buenas influencias, las visiones

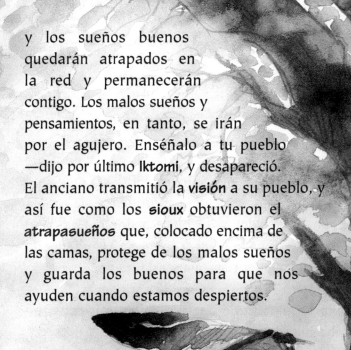

y los sueños buenos
quedarán atrapados en
la red y permanecerán
contigo. Los malos sueños y
pensamientos, en tanto, se irán
por el agujero. Enséñalo a tu pueblo
—dijo por último Iktomi, y desapareció.
El anciano transmitió la **visión** a su pueblo, y
así fue como los **sioux** obtuvieron el
atrapasueños que, colocado encima de
las camas, protege de los malos sueños
y guarda los buenos para que nos
ayuden cuando estamos despiertos.

La Danza Animal

En un poblado **cheyene**, ocurrió cierta vez que una niña se había encaprichado porque se le había manchado el vestido, y se puso a llorar. Como no había razones que pudieran calmarla, la madre la echó fuera del **tipi**, y para asustarla, dijo:

—Ojalá viniera **Fantasma Grande** para llevarte.

No había terminado de decirlo cuando el monstruo ya estaba allí, entre las sombras.

Nadie pudo detener a **Fantasma Grande**, que se alejó velozmente del campamento llevándose a la niña. Cuando el monstruo llegó a su cueva, puso a trabajar a la pequeña en infinidad de tareas. La chica estaba recogiendo agua en el río, con lágrimas en los ojos, cuando un pájaro se acercó y le dijo:

—Mejor escapa antes de que **Fantasma Grande** te coma.

Entonces un águila accedió a salvarla. Agarrándose fuertemente de su cuello, la niña fue llevada hasta el campamento indio, donde ya la daban por perdida.

Al día siguiente llevó grasa que el pueblo había juntado a las águilas. Bajaron cuatro águilas, y la más grande dijo:

—Nunca
olvides lo que
hemos hecho por ti. Te
avisaremos si vemos a **Fantasma Grande**, ya
que debe estar buscándote.

Y se fueron.

Cierto día, las águilas regresaron y le dijeron a la niña:

—**Fantasma Grande** está por cruzar el río. Cuando lo haga, te diremos cómo matarlo —y nuevamente emprendieron su majestuoso vuelo.

Una noche se oyeron en el poblado unos chillidos muy agudos; la niña salió junto con otra gente y vio que eran las águilas.

—Viene **Fantasma Grande** —dijeron—. Llama a dos hombres valientes, armados de cuatro flechas cada uno: una con punta afilada, otra con punta gastada, otra de punta blanda y la última con punta de cuero endurecido.

Por último, agregaron:

—**Fantasma Grande** parece un ser terrible, pero esta medicina es más poderosa. No tengan temor. Somos los **Pájaros Trueno**.

Los dos guerreros se escondieron, a la espera de **Fantasma Grande**, y al rato lo vieron aparecer: andaba muy despacio, porque era muy cuidadoso. En el momento oportuno, los hombres dispararon todas sus flechas y acabaron con el monstruo. Después, entre festejos y cantos, se hizo una hoguera donde lo quemaron, para que no quedaran rastros del horrible ser.

Y las águilas bajaron de nuevo hacia la niña:

—Te hemos enseñado a utilizar la medicina del pantano —dijeron—. Es tan poderosa que puede acabar hasta con un fantasma. Y ahora te enseñaremos una danza, de la cual serás la maestra. Y así fue como la niña aprendió la **Danza Animal**, en la que los participantes se pintan los brazos y piernas con rayas negras, para representar al rayo (que es el poder de los **Pájaros Trueno**); se baila también con pequeños arcos con cuatro flechas de puntas distintas, como las usadas para matar a **Fantasma Grande**.

La mágica lanza del Oso

Hace muchísimo tiempo, antes de que los indios conocieran el caballo, una tribu de los **pies negros** se encontraba mudando su campamento hacia otras tierras más aptas. Para llevar sus bienes utilizaban perros, que arrastraban una especie de trineos. La tribu ya había realizado un buen trecho, cuando alguien notó que faltaba el perro del jefe, con sus pertenencias más valiosas. Inmediatamente se enviaron exploradores al lugar donde anteriormente estaba el campamento, pero sin ningún resultado. En medio del desconcierto general, Sokumapi, el hijo del jefe, de apenas doce años, pidió permiso para buscar él mismo el equipaje extraviado.

Aunque al principio los padres se negaron, el chico mostró tanta insistencia que, al final, no sin muchísimas recomendaciones, lo dejaron partir.

Sokumapi era muy inteligente, y pronto encontró una huella de perros que desembocaba en una cueva. Y al lado de la cueva, el trineo desaparecido. El chico se acercó lentamente, mientras se preguntaba cómo habría llegado el trineo hasta allí cuando, de pronto, un gigantesco oso salió de la cueva, lo agarró con sus potentes brazos y lo introdujo dentro. Una vez en ese lugar, y más muerto que vivo, Sokumapi oyó con sorpresa que el oso le hablaba.

—No tengas miedo —dijo—. Yo soy el *Gran Oso*, y mi poder es enorme y terrible. Te he atraído hasta aquí porque quiero revelarte una porción de mi poder. Pero está a punto de llegar el invierno, así que será mejor que te quedes conmigo en mi cueva hasta que pase la fría estación.

Cuando llegó la primavera, el enorme animal se despertó pleno de energía, y anunció que era hora de abandonar la cueva. Pero antes, dijo, le enseñaría a Sokumapi a construir una lanza *del oso*.

En la punta debía colocar pezuñas de oso, y la lanza debía estar recubierta por la piel de un oso gris, adornada con plumas de águila moteada. Después, el

oso le enseñó unos cantos que, llevando la lanza
consigo, servían para salir victorioso en batalla.
También le dio una pintura especial para hacerlo
invulnerable. Por último, le entregó otros cantos
sagrados que debían ser utilizados junto con la lanza,
para curar a la gente enferma. Con todo este nuevo
conocimiento, Sokumapi volvió a su pueblo, donde
todos lo creían muerto, y les contó las buenas noticias.
Muy pronto, y gracias al obsequio del oso sagrado, se
convirtió en un gran jefe guerrero del poblado.

El perro sagrado

En los tiempos antiguos, los indios no conocían el caballo. Mudar el campamento para conseguir mejores tierras era una tarea difícil: hombres y mujeres, únicamente ayudados por perros como animales de carga, debían transportar todos los bienes sobre sus espaldas. Los palos para las tiendas, las pieles, la ropa, los alimentos, todo convertía la migración en un trabajo duro y pesado. Esto se hacía más difícil cuando escaseaba la comida, lo cual era muy frecuente. Cierta vez, un campamento sioux se encontraba en esa dura situación, buscando un lugar en el que acampar, donde hubiera bisontes que pudieran servir de alimento para la gente. Pero las manadas parecían haberse esfumado, y el pueblo estaba desesperado.

Un muchacho joven, al ver cómo sus padres, su familia y su pueblo se morían de hambre, tomó la decisión de ir solo a las colinas, a rogarle al *Gran Espíritu* y allí, con los brazos extendidos, oró al Cielo:

—Abuelo, *Tunkashila*, tú nos has dado todo, nos has dado a *tatanka*, el bisonte, para que sea nuestro alimento. Pero, mira, ahora nuestro pueblo se muere de hambre, las mujeres están fatigadas, los niños lloran y los guerreros no encuentran consuelo. Ayúdanos, no nos dejes desaparecer, no te olvides de nosotros.

El joven cerró los ojos y permaneció con los brazos extendidos, orando en silencio. De pronto oyó ruidos en el cielo. Las nubes comenzaron a hacerse más espesas y negras y el muchacho vio a los *Pájaros Trueno* invadir el firmamento. Con el batir de sus gigantescas alas producían el trueno, con cada parpadeo surgía un relámpago. Apenas cayeron unas gotas de lluvia, el cielo se abrió, dejando lugar a un bello arcoiris. Del Cielo descendió entonces un espíritu montado en un animal desconocido, el más bello que el joven hubiera visto jamás. De sus narices salía el trueno, mientras que sus patas se agitaban como el rayo.

—Éste es el perro sagrado —dijo la visión—. Se llama así porque puede hacer tantas cosas como hacen los perros, y muchas más también. Es como el viento: suave como la brisa, pero también furioso como el huracán. Es el don del **Gran Espíritu** para tu pueblo. Puede correr más veloz que el bisonte, y será inseparable de tu gente.

Cuando hubo terminado, un manto de nubes cubrió al misterioso ser y su cabalgadura, y del remolino de nubes empezaron a salir más y más perros sagrados, de todos los colores del arcoiris. Corrían por todo el cielo en un frenesí ensordecedor.

Aunque el joven no recordaba haberse dormido, se despertó sobresaltado cuando el sol surgía en el horizonte de una nueva mañana. Con alegría en su corazón, inició el regreso. Mientras comenzaba a alejarse de las colinas, escuchó un ruido como de truenos lejanos. Se dio vuelta, y vio una manada de caballos de todos colores, como los que había contemplado en su visión. Continuó su camino hacia el campamento, y los caballos lo siguieron. Cuando llegó, les contó a los sabios su visión, y les mostró el don del **Gran Espíritu**, los perros sagrados. Desde entonces, los indios de las praderas se convirtieron en una nación poderosa, y ya no volvieron a pasar hambre, gracias al regalo recibido del Cielo.

El Zorro y los Osos

Dos Osos —marido y mujer— vivían juntos en una cueva. El Oso macho estaba muy enfermo, a punto de morir. El Zorro pasaba por ese lugar, cuando escuchó el llanto de la Osa. Afirmando que tenía poderes curativos, intentó sanar al Oso, pero sus esfuerzos no dieron resultado. A pesar de todo, la Osa le agradeció el esfuerzo, y el Zorro, antes de irse, le aconsejó no enterrar el cuerpo, porque algún animal podría desenterrarlo para comerlo; en cambio, mejor sería tirarlo al agua.

Así lo hizo ella, y el Zorro, cuando llegó a su casa, les dijo a sus hijos que fueran a buscar el cadáver del Oso río abajo. Cuando lo trajeron, prepararon un gran banquete de carne de oso.

Estaban en pleno festín cuando se acercó un pájaro a pedir algo de carne. El Zorro primero lo ignoró y después, cuando consideró insoportable su insistencia, le dijo que se fuera de una vez.

—Sé de quién es esa carne —repuso el ave—, y si no me das, iré a contarle a la Osa.

—No me interesa lo que hagas, animal infame —respondió el Zorro con la boca llena.

El pájaro se fue veloz hacia la cueva de la Osa, y entonces el Zorro tuvo miedo. Les dijo a sus hijos que escondieran la carne, les cortó el pelo y se cubrió la cabeza de cenizas. Justo en ese momento llegó la Osa. Apenas la vio venir, el Zorro empezó a lamentarse a voz en cuello por la muerte del pobre Oso, mientras se golpeaba el pecho. La Osa se quedó sorprendida, y dijo:

—Vino un ave a decirme que estabas comiendo los restos mortales de mi marido, pero veo que el ave es mentirosa.

Y se fue. Cuando se perdió de vista, el Zorro y sus hijos volvieron a sacar la carne y continuaron con el festín.

Las astucias de Coyote

Un día, Coyote iba por un camino cuando se encontró con Hurón, que gemía desesperado por el hambre.

—Hermano —dijo Hurón—, necesito comer algo, o no veré el amanecer del siguiente día. ¿No tienes algo de alimento?

—No llevo nada conmigo —repuso Coyote—, pero sé cómo conseguir una buena cantidad de comida. Sólo tienes que hacer lo que te diga.

—Lo que ordenes.

Entonces Coyote lo llevó a campo abierto en la pradera y mandó que Hurón se echase, como si estuviera muerto. Luego Coyote comenzó a gritar a los cuatro vientos:

—Atención, perros de las praderas, el Hurón, su peor enemigo, ha muerto. Vengan a ver su cadáver.

Tímidamente primero, y con más audacia después, comenzaron a acercarse los pequeños roedores para ver a su odiado predador.

Cuando hubo una gran muchedumbre reunida, Coyote comenzó una danza alrededor del Hurón, para agradecer a los espíritus. Realizó varias danzas

y, de a poco, fue invitando a los roedores, hasta que todos estuvieron cantando y danzando en círculo alrededor del supuesto cadáver. Finalmente, Coyote dijo:
—Ahora haremos una última danza. Pero todos deben cerrar los ojos.

Así lo hicieron los ingenuos animalitos y, a cada uno
que pasaba a su lado, Coyote le daba un garrotazo.
En cierto momento, un perro de las praderas abrió
los ojos y lanzó su característico ladrido de alarma.

En un instante los animales se dispersaron, aunque habían quedado suficientes para que Coyote y Hurón se repartieran en abundancia.

Coyote siguió su camino, y al poco trecho se encontró con otro coyote, que era rengo. Éste le pidió parte de su comida, pero el avaro Coyote no quería darle nada. Sin embargo, como era de su propia especie, no quiso negarse de manera directa, así que le dijo:

—Te daré la mitad si me vences en una carrera.

—¿Y cómo podría ser eso —protestó el otro— si estoy lisiado de una pata?

—Está bien —respondió con fingida benevolencia Coyote—. Yo me ataré esta piedra a la pata, y así estaremos a mano.

Al coyote cojo no le quedaba otra opción, así que aceptó. ¡Y largaron! Allí iba velocísimo Coyote, pensando en la deliciosa comida, recién asada, que le esperaría luego de cruzar la meta victorioso. Pero, mientras Coyote corría a toda velocidad, el coyote rengo dejó de correr, dio media vuelta y tranquilamente, con todo cuidado, recogió la carne y se la llevó a un escondite.

GENTE DE PALABRA

Muchos blancos, para justificar la opresión de los nativos, decían que el indio era perezoso, violento y mentiroso: afirmaciones no sólo injustas, sino contrarias al espíritu del indio. En sus comunicaciones a las autoridades norteamericanas, quedaba claro que los aborígenes sólo querían vivir en paz en su tierra; quienes rompían una y otra vez los tratados eran los blancos. En esos discursos hay una poesía y una dignidad poco vistas. Como los indios no conocían la escritura, ponían todo su arte en la palabra hablada: narraciones, monólogos, oraciones a los espíritus, revelan una grandeza y una integridad sin adornos. Para ellos, el silencio era tan importante como los sonidos que salen de la boca.

Tenían un elevado sentido del honor, y nadie era libre de mentir impunemente porque, aunque podía engañar a otros hombres, nada escapaba a los espíritus.

Un hecho histórico es el mejor ejemplo: en 1881, cuando los sioux ya vivían en las reservas, un guerrero llamado Perro Cuervo (Crow Dog) mató al jefe de los sioux, Cola Moteada, por considerarlo traidor. El tribunal sioux lo condenó a muerte y, pocos días antes de ser ejecutado, Perro Cuervo pidió permiso para despedirse de su familia, a varios kilómetros de distancia. Se le concedió esta gracia, informándole que regresara en la fecha convenida. Estaba llegando el día, Perro Cuervo no aparecía, y se envió a la policía por él. Su esposa explicó que había querido ir solo, a caballo, y llegaría pronto. Justo en el día establecido, apareció. Causó tanta impresión, que el caso fue revisado, y —finalmente— Perro Cuervo fue absuelto.

Lo que sigue es la narración de un importante jefe crow del siglo XIX, cuya vida es un ejemplo de integridad y entrega a su pueblo, seguida por una brevísima selección de oraciones y discursos de diversos jefes. Algunas de estas palabras no pertenecen a habitantes de las Praderas sino a pueblos vecinos (navajos, cherokees, senecas y mohawks), pero tienen su misma poesía y sinceridad.

El honor de Oso Rojo

Oso Rojo fue uno de los jefes guerreros más importantes entre los *crows*. En cierta ocasión en que había ido a una colina para ayunar, se le apareció el mensajero del **Lucero del Alba**, el pelícano, quien le dijo:
—Verás cuatro seres. No escuches a los tres primeros, pero presta atención al cuarto.

Momentos después se acercaron tres espíritus de las estrellas, que engañan a los hombres, pues hacen crecer a los hijos rápidamente y con fuerza al principio, pero después los abandonan, de modo que mueren jóvenes. El cuarto que llegó fue **Lucero del Alba**, quien le dio una **medicina**, un poder muy grande.

—Debes usar una pluma horizontalmente, en un costado de la cabeza —le ordenó el hijo del Sol. En el otro costado debía ponerse un penacho enroscado de plumón de pelícano. Además, en recuerdo del **Lucero**, debía colgarse un pedazo de madreperla. Por último, tenía que pintarse la cara de amarillo, con rayas finas y muy juntas.

El poder que recibió Oso Rojo del Lucero del Alba fue enorme: era capaz de anticipar los acontecimientos futuros, e incluso se decía que podía detener la salida del sol si una expedición nocturna de guerra se retrasaba. Era un guerrero fuerte y muy ágil, con un gran sentido del honor, y nunca fue vencido en batalla. Pero tanta gloria provocó celos entre algunos de sus compañeros. En cierta ocasión, uno de ellos, envidioso por la fama de Oso Rojo, golpeó la cara del caballo del jefe. Como jefe que era, Oso Rojo no podía protagonizar una pelea, de modo que no dijo nada. Pero a los pocos días, mientras conducía una partida de cansados guerreros, fueron sorprendidos por un grupo de sioux. En vez de llevar a su banda a un lugar de resguardo, Oso Rojo saltó de su caballo y dijo:

—Hermanos, saben que siempre los he protegido y ayudado, pero entre ustedes hay uno que odio.

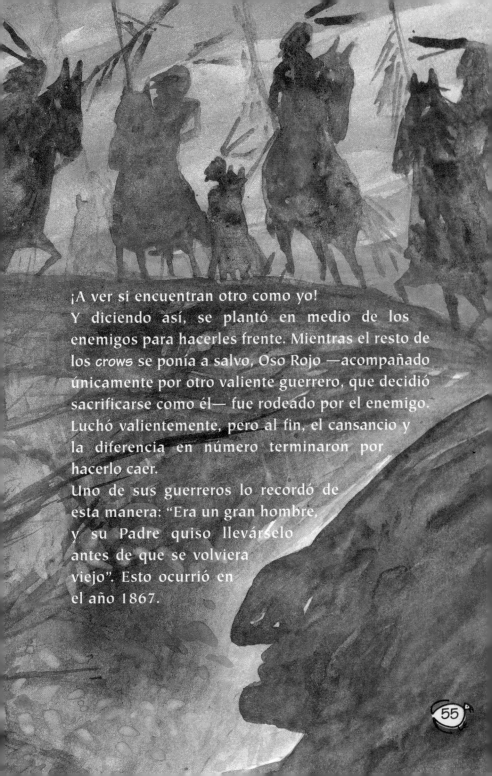

¡A ver si encuentran otro como yo!
Y diciendo así, se plantó en medio de los
enemigos para hacerles frente. Mientras el resto de
los *crows* se ponía a salvo, Oso Rojo —acompañado
únicamente por otro valiente guerrero, que decidió
sacrificarse como él— fue rodeado por el enemigo.
Luchó valientemente, pero al fin, el cansancio y
la diferencia en número terminaron por
hacerlo caer.
Uno de sus guerreros lo recordó de
esta manera: "Era un gran hombre,
y su Padre quiso llevárselo
antes de que se volviera
viejo". Esto ocurrió en
el año 1867.

Oraciones y discursos

Ojalá camine por la belleza
a lo largo de todo el día.
Ojalá camine a través de repetidas estaciones.
Poseeré de nuevo aves hermosas,
pájaros bellos y alegres.
Ojalá camine por el sendero marcado con polen,
entre saltamontes a mis pies,
con el rocío a mis plantas.
Ojalá camine con la belleza.
Con la belleza ante mí,
con la belleza tras de mí.
Ojalá camine con la belleza sobre mí,
con la belleza en torno de mí.
Ojalá en mi vejez pueda ir
por un sendero hermoso y animado.
En la vejez, por un sendero
de belleza, vivo de nuevo.
Que concluya en belleza,
que concluya en belleza.

Poema navajo

La rana no se bebe el estanque donde vive.

Proverbio cherokee

¿Qué es la vida?
Es el destello de una luciérnaga en la noche.
Es el resuello de un bisonte en invierno.
Es la diminuta sombra que corre por la hierba
y desaparece cuando se pone el sol.

Jefe Pie de Cuervo *(pie negro, s. XIX)*

Hermano, el **Gran Espíritu** nos ha creado a todos, pero hizo muy distintos a sus hijos blancos y a sus hijos indios. Nos dio diferente tez y costumbres diferentes. A vosotros os ha concedido artes a las que no ha abierto nuestros ojos. Y puesto que nos ha hecho tan distintos en otros aspectos, ¿por qué no aceptamos que nos ha dado también religiones distintas según nuestro entendimiento?

Jefe Casaca Roja *(seneca, 1805)*

Si mi pueblo ha de combatir, somos demasiado pocos. Si ha de morir, somos demasiados.

Hendrick *(mohawk, 1755)*

Nunca pensamos que nuestras inmensas llanuras, las hermosas colinas y las sinuosas corrientes de enmarañada vegetación fueran "salvajes". Cuando los mismos animales del bosque empezaron a huir del avance del hombre blanco, entonces empezó para nosotros el "Salvaje Oeste".

Jefe Oso Erguido (*sioux, 1933*)

Ya no oigo las canciones de las mujeres mientras preparan la comida. Los antílopes han desaparecido. Vacía está de bisontes la pradera. Sólo se oye el aullido del coyote. Somos como aves con un ala rota. Siento el frío que invade mi corazón. Mis ojos se nublan; soy viejo...

Jefe Muchos Golpes (*crow, 1909*)

¿Acaso hay algún tratado que el blanco haya respetado y que haya sido roto por el hombre piel roja? Ninguno. ¿Acaso hay algún tratado que el hombre blanco haya establecido con nosotros y lo haya cumplido? Ninguno. Cuando yo era niño, los sioux eran los amos del mundo. Pero ¿qué fue de los guerreros? ¿Quién los mató? ¿Dónde están nuestras tierras? ¿Acaso hay algún hombre blanco que pueda decir que alguna vez le he robado su tierra o siquiera una moneda? Y sin embargo dicen que soy un ladrón. ¿Acaso alguna vez he capturado o insultado a una mujer blanca, incluso estando sola? Y sin embargo dicen que soy un indio malo. ¿Qué ley he violado? ¿Hago mal en amar mi propia ley? ¿Hay algo malo en tener la piel roja? ¿En ser un **sioux**? ¿En haber nacido donde mi padre vivió?

Toro Sentado *(sioux, s. XIX)*

Amigo mío, volverán de nuevo.
Por toda la Tierra vuelven de nuevo.
Antiguas enseñanzas de la Tierra,
antiguos cantos de la Tierra.
Vuelven de nuevo, amigo mío, vuelven.
Te los doy, y por ellos comprenderás, verás.
Vuelven de nuevo sobre la Tierra.

Caballo Loco *(sioux, s. XIX)*

59

MIENTRAS EL CÉSPED SEA VERDE

Cuando la mayoría de los pueblos originarios de América ya habían sido sometidos por los conquistadores, los indios de las praderas continuaban con su tradicional vida de cazadores, a lo sumo comerciando con los blancos. Esta situación privilegiada se debió a que estos aborígenes tuvieron la buena fortuna de estar situados lejos de los primeros asentamientos de los europeos, ubicados al este del río Mississippi. Sin embargo, tarde o temprano las cosas iban a cambiar. Y ocurrió que, una vez que los ingleses y sus sucesores (los estadounidenses) hubieron sometido a los indígenas situados al este del Mississippi, continuaron con el "lejano Oeste". No fue una tarea fácil para los Estados Unidos (que recién salía de una cruenta guerra civil), pero el avance era inevitable, por más que los indígenas se habían convertido en expertos jinetes y tiradores de armas de fuego, y por más que conocieran el terreno mejor que los blancos. Muchos grandes jefes presentaron batalla: los sioux, aliados con los cheyenes y otros pueblos, ofrecieron una larga resistencia, y jefes como

Nube Roja, Caballo Loco y Toro Sentado obtuvieron grandes victorias; no obstante, finalmente, uno a uno fueron vencidos, hasta la masacre final de Wounded Knee, en 1890. Con posterioridad a esa fecha, la lucha de los indios se dio en otro frente: el mantenimiento de sus valores y sus tradiciones frente al intento de los blancos de despojarlos incluso de su propia cultura. Hombres como Alce Negro (primo de Caballo Loco) o su sobrino Fools Crow entregaron su vida para conservar la espiritualidad piel roja por siempre ("mientras el césped sea verde y los ríos fluyan", como dicen los indios). Alce Negro estuvo presente en la batalla de Little Bighorn, participó activamente en la Danza de los Espíritus (salvó milagrosamente su vida en Wounded Knee) y viajó por el mundo con el Show de Buffalo Bill (llegó a bailar ante la reina Victoria de Inglaterra), tratando siempre de revivificar la tradición de su pueblo ante la destrucción del hombre blanco. Por su parte, Fools Crow, que murió en 1989, logró que se restituyeran los ritos sagrados a los sioux, durante largos años prohibidos por el gobierno estadounidense.

Caballo Loco: el jefe misterioso

Según el testimonio de muchos indios que lo conocieron, **Caballo Loco** era una persona extraña. Atravesaba el campamento sin prestar atención a nadie —salvo a los niños—; era taciturno y parecía estar pensando siempre en alguna otra cosa. Algunas noches se quedaba en cuevas o montañas, aunque fuera pleno invierno, sin que se supiera nada de él. Y, sin embargo, todos le temían y lo admiraban. Tenía apenas cinco años cuando su padre regresó al hogar con dos venados. El pequeño salió a gritar a viva voz que había comida en su **tipi** para quien quisiera. Los pobres del poblado se acercaron a montones y quedó muy poco para la familia. A los pocos días, el niño pidió comida, pero no había.

—Se la diste a los pobres —le dijo la madre—. Y ellos se fueron cantando canciones en agradecimiento hacia ti, no hacia tu padre o hacia mí. Recuerda esto: debes ser valiente, porque ellos tienen fe en ti. No debes defraudarlos.

Se dice que su capacidad de salir ileso de cualquier ataque le llegó en una **visión**: de pronto se vio a sí mismo y a su caballo en el mundo del Más Allá, el

mundo real del cual el nuestro —para los indios— no es más que un reflejo. Allí todas las cosas parecían flotar y tenían un aspecto inmaterial; todo era espíritu. Allí vio a su caballo moverse y bailotear de forma rara, y ése fue el origen de su nombre, **Tashunko Witko**, que significa en realidad Caballo Espíritu. Cuando entraba en batalla, a **Caballo Loco** le bastaba con pensar en su visión para sentirse en ese mundo, y eso le daba una fortaleza única. Incluso los blancos encontraban inexplicable este fenómeno: el general Crook afirmó que le había disparado a **Caballo Loco** ¡más de veinte veces! sin poder herirlo siquiera.

Su primer gran triunfo, bajo el mando del gran jefe **Nube Roja**, lo consiguió a fines de 1866, cuando derrotó al general Fetterman. Ésta y otras victorias de **Nube Roja** obligaron al gobierno estadounidense a garantizar un extenso territorio para los indios. Pero **Caballo Loco** no quedó conforme y se mantuvo con su gente fuera de la tierra reservada a los indios.

La paz, sin embargo, no podía durar. En 1874, un general llamado George Custer encontró oro en las colinas sagradas de los **sioux**, las Black Hills, y la guerra volvió a comenzar. **Caballo Loco**, junto con **Toro Sentado**, el otro gran jefe indio, lideraron la resistencia. En junio de 1876, en tan sólo una semana, **Caballo Loco** obtuvo dos impresionantes victorias. En la primera derrotó al mencionado general Crook, mientras que en la segunda —para lo cual reunió fuerzas con **Toro Sentado**— aniquiló al general Custer, en la batalla de Little Bighorn. Sin embargo, tantas victorias no anunciaban nada bueno para el futuro: la casi extinción del bisonte lo obligó a rendirse en 1877. Los militares no se conformaron con mantenerlo vivo en una reserva y, a las pocas semanas, **Caballo Loco** fue muerto por la espalda mientras era llevado a una cárcel. Tenía apenas unos treinta años. Jamás dejó que se le hiciera una fotografía. Sus padres partieron solos a enterrarlo en un lugar desconocido, donde ningún blanco pudiera volver a ponerle una mano encima. "No importa donde yace su cuerpo —dijo Alce Negro—, porque ahí sólo crece la hierba. Pero donde está su espíritu, ése sí es un buen lugar para permanecer."

Toro Sentado:
el fin de un sueño

Luego de la victoria de Little Bighorn, **Toro Sentado** decidió emigrar a Canadá. Pero el precio por la libertad era demasiado alto: tan al norte los inviernos eran más fríos, y el bisonte escaseaba tanto como en territorio estadounidense. En 1881, **Toro Sentado**, al ver que peligraba la vida de las mujeres y de los niños, se rindió.

Durante dos años estuvo en prisión, aunque después se le permitió vivir en la reserva. Por esta época, Buffalo Bill —el gran cazador de bisontes y "amigo de los indios"— estaba armando su *Wild West Show* (Show del Salvaje Oeste), e invitó a **Toro Sentado** a formar parte de él. Durante dos años, el venerable jefe participó en humillantes espectáculos

de circo, donde se recreaban batallas entre indios y blancos como si fueran una simple exhibición. En muchas ocasiones, *Toro Sentado* salía a escena vestido con sus mejores ropas, y se acercaba al público vociferando palabras en su idioma. Los traductores tenían que ponerse a inventar un discurso, porque estaba maldiciendo con todas sus fuerzas.

Al oeste de las praderas, un **hombre medicina**, de nombre Wovoka, anunció en 1889 que había tenido una **visión,** en la cual Dios le revelaba que en poco tiempo los blancos desaparecerían de la Tierra, el bisonte volvería a galopar

por los campos y los espíritus de los muertos renacerían nuevamente. Para esto debía realizarse una danza, que se llamó la **Danza de los Espíritus** (*Ghost Dance*). Cuando los **sioux** tuvieron noticias de esta profecía, sintieron renacer las esperanzas de una victoria definitiva contra el invasor. **Toro Sentado** y otro jefe, llamado Pie Grande, se convirtieron en los líderes de este movimiento entre los **sioux**. Pero, a pesar de que Wovoka había dicho claramente que la Danza debía realizarse de manera pacífica, fue casi imposible detener el ímpetu guerrero de los **sioux**, que confiaban en que de los rifles de los blancos saldría agua y que sus camisas sagradas detendrían las balas. El levantamiento fue adquiriendo fuerza hasta que, en diciembre de 1890, la situación se hizo insostenible. El 15 de diciembre se enviaron agentes para detener a **Toro Sentado**. Mientras lo llevaban preso, un grupo de indios trató de impedirlo: los soldados abrieron fuego y el anciano jefe de sesenta años murió asesinado.

Lo que ocurrió en las dos semanas siguientes fue una de las peores masacres en la historia norteamericana. Los seguidores de **Toro Sentado** se unieron a Pie Grande cerca de un lugar llamado Wounded Knee. Se envió un regimiento para detener a los "rebeldes", y el 29 de diciembre, rodeados, los indios fueron entregando las armas de a poco y a regañadientes. Hubo un forcejeo entre un soldado y un **sioux** por un rifle, el arma se disparó y el soldado cayó herido. Ésta fue la mecha que encendió la catástrofe. No fue necesario dar orden de disparar: murieron casi todos los indios, que estaban desarmados. Hombres, mujeres, ancianos y niños, unos trescientos en total. Esta penosa tragedia fue el último episodio en la Conquista del indio norteamericano.

Alce Negro: sostén de la tradición

El niño estaba contento. No sólo porque a
los cinco años la vida parece
maravillosa y no hay de qué
preocuparse, sino porque su
abuelo le había regalado su
primer arco y sus primeras
flechas. Así que el pequeño
había montado su caballo
buscando algún animal
en quien probar su
puntería.
Era verano, y estrechos
arroyuelos recorrían el
suelo irregular de
bosques y colinas.

Mientras el niño cabalgaba sin rumbo, las nubes comenzaron a oscurecer el cielo, pero al pequeño jinete no le importaba. De pronto, posado en una rama que daba al arroyo, el chico vio un pequeño pájaro. Lentamente armó su arco y comenzó a apuntar al ave, pero, antes de disparar, algo lo detuvo: el ave habló.

—Escucha—dijo—. Una voz te está llamando.

Entonces el niño miró hacia el cielo y, desde allí, vio caer de cabeza, como flechas, a dos hombres. Mientras caían, el cielo retumbaba con los truenos, y los hombres cantaban: "Una voz sagrada te está llamando. Por todo el Cielo una voz sagrada está llamándote. Ya es tiempo, ya es tiempo".

Los hombres seguían cayendo, y justo cuando estaban por caer encima del niño doblaron hacia el oeste, se convirtieron en gansos y se alejaron volando. Luego comenzó a llover.

Esta primera experiencia de Alce Negro con lo sagrado fue un anuncio de lo que vendría después. A los nueve años enfermó durante doce días y estuvo a punto de morir. En ese tiempo tuvo su *Gran Visión*, en la que los *Seis Abuelos* (los "Poderes del Mundo") le encomendaron restituir y mantener el "círculo de la Nación" y lograr que —en los tiempos difíciles que vendrían— reverdeciera nuevamente el "Árbol florido" de la tradición. A esta tarea se dedicó *Alce Negro* durante toda su vida, difundiendo los valores y la tradición de los *sioux*, y conservando sus ritos sagrados.

Hacia el fin de su vida dictó las experiencias de su vida y la cosmovisión de sus ancestros en dos libros que se propagaron por todo el mundo, de modo que se puede decir que su tarea, en buena medida, fue exitosa.

Seis jinetes vienen por el abuelo

Testimonio de Lleva el Agua (Carries the Water) —nieto de **Fools Crow**— *acerca de su abuelo, poco antes de la muerte del gran* **hombre medicina.**

"Yo estaba en casa del abuelo Fools Crow (Cuervo Loco) en el momento en que murió. No había madera para su estufa y había cruzado el arroyo al sur de su casa para cortar un álamo caído. De pronto tuve un sentimiento extraño, como si alguien me estuviera mirando. Me di vuelta y allí, exactamente frente a mí, había siete caballos y seis jinetes indios. Tuve miedo y quise correr, pero algo me dejó sin movimiento.

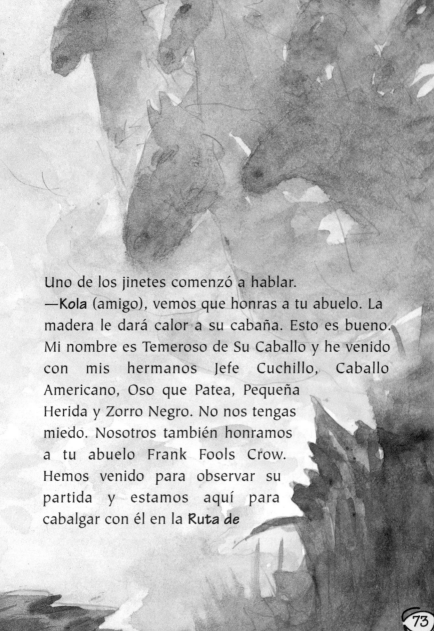

Uno de los jinetes comenzó a hablar.

—**Kola** (amigo), vemos que honras a tu abuelo. La madera le dará calor a su cabaña. Esto es bueno. Mi nombre es Temeroso de Su Caballo y he venido con mis hermanos Jefe Cuchillo, Caballo Americano, Oso que Patea, Pequeña Herida y Zorro Negro. No nos tengas miedo. Nosotros también honramos a tu abuelo Frank Fools Crow. Hemos venido para observar su partida y estamos aquí para cabalgar con él en la **Ruta** *de*

los Espíritus hacia la cabaña que el Creador ha preparado para él.

No podía creerlo. Eran los nombres de los grandes jefes y guerreros **sioux**. Había leído acerca de ellos toda mi vida y, ahora, allí estaba, cara a cara con ellos.

Temeroso de Su Caballo habló otra vez:

—¿Dónde están los otros? Un gran **jefe medicina** de los **sioux** está muriendo. Un hombre sagrado. Un anciano. Un líder de la **Danza del Sol**. Un gran guerrero está muriendo y su familia no debe llevar sola el peso de esto. ¿Dónde están los demás?

Temeroso de Su Caballo continuó:

—En nuestro camino hacia este lugar nos detuvimos para mirar a nuestra gente, los hijos de nuestros hijos. Ellos se llaman a sí mismos **sioux**, usan nuestros nombres y utilizan la grandeza de nuestros actos heroicos como una bandera. Son grandes habladores, pero casi todos ellos nos deshonran. Cuando estábamos aquí en carne y hueso vivíamos como la gente de una gran nación debe vivir. Honrábamos el camino que la Mujer Bisonte Blanco nos entregó.

No estamos orgullosos de nuestra parte en la muerte de aquél que llaman Custer. Fuimos forzados a hacer eso en contra de nuestros deseos. Matar a tu hermano nunca es bueno.

Es difícil para nosotros entender qué ha pasado aquí. Hemos visto a la gente de hoy, que se llama a sí misma **sioux**, quejándose porque el hombre blanco

les paga poco por no hacer nada. Lo que vemos hoy aquí nos disgusta. Si tan sólo dejaran de usar nuestros nombres. Esta gente no son indios. No tienen derecho a llamarse a sí mismos sioux. Son los hijos de nuestros hijos, pero de ninguna manera son como nosotros. Nos han deshonrado a nosotros y a todos nuestros ancestros.

Pronto habrá siete jinetes para siete caballos y comenzaremos nuestro viaje. Cabalgaremos con el abuelo Fools Crow en la **Ruta de los Espíritus**. Tal vez un día volvamos otra vez, pero por ahora parece improbable. Lo que hemos visto nos traerá tantas lágrimas que nuestros ojos se nublarán y perderemos nuestro camino.

La imagen delante de mí comenzó a desvanecerse. Encontré mi voz al fin, y grité a Temeroso de Su Caballo:
—¡Espera! ¡No te vayas! ¿No hay nada que pueda hacer? De algún lugar en las sombras su voz volvió a mí.
—Cuéntales —dijo."

Fools Crow acerca de Caballo Loco

"En una ocasión, mi abuelo, Jefe Cuchillo, me contó una historia de la época en que el Gran Jefe *Caballo Loco* fue en busca de una visión a Bear Butte, en las Black Hills. Cuando *Caballo Loco* volvió, dijo que había sabido que un día habría guerras espantosas en todo el mundo. *Caballo Loco*

describió fielmente la forma física del mundo explicando por dónde sale el Sol, cómo se pone y sale luego otra vez. Por lo tanto, debía saber que la Tierra era redonda. Y dijo que un día habría combates y grandes fuegos por todo el mundo. Que el pueblo sufriría, y nuestras mujeres llorarían. Que en todas partes los hombres serían brutales con las mujeres. Pero que, al final, Dios vendría a la Tierra para juzgarla."

Acercándonos a la sabiduría de los indios de las praderas norteamericanas

Propuestas para trabajar
en un Proyecto Temático

Carta al maestro:

Las praderas, vastedad en la que palpita el corazón de Norteamérica. Tierra de desiertos, pasturas, sol y viento. Sobre ellas caminan y cabalgan los nativos americanos. Más de treinta tribus componen el conjunto de los indios de las praderas. Infatigables nómadas, amantes de la tierra que transitan, sus campamentos siguen el incierto rumbo de los bisontes y del agua: los dones para sostener la vida. Hombres y mujeres de gran coraje, que lucharon con tenacidad por las tierras donde nacieron sus ancestros y defienden aún hoy sus tradiciones con perseverante paciencia.

Son en verdad muchos los contenidos que pueden abordarse en el estudio de su cultura, sus tradiciones, su historia y su geografía. Las leyendas, mitos y otros relatos de los indios de las praderas pueden convertirse en catalizadores de estrategias para diseñar un valioso proyecto temático. Las propuestas que ofrecemos permiten abordar contenidos de las áreas de aprendizaje más importantes, e invitan a favorecer la unidad entre todos los seres humanos, basada en el respeto y el festejo por la diversidad cultural.

Dentro de este marco, sugerimos las siguientes actividades. Es nuestro anhelo que puedan ser de utilidad para su aplicación práctica, sabiendo que el aporte propio le brindará al Proyecto un carácter único y sumamente valioso.

EL COMIENZO

Presentación del Proyecto.
Para generar interés en el Proyecto,
es necesario presentarlo con mucha
claridad desde el principio, explicitando en qué consistirá,
qué actividades y juegos hallarán en él a partir de la lectura del
libro y, por sobre todo, invitando a los chicos a que realicen
comentarios y sugerencias y alentándolos a que le pongan al
Proyecto un nombre elegido entre todos. Decidir qué día o días
a la semana trabajarán en el proyecto permitirá organizar
mejor la tarea, y los chicos sabrán qué esperar cada día.

Los indios en la tele, en el cine y en las historietas
Una manera de prepararse para el proyecto consiste en
proponer al grupo un dictado de dibujos de los indios. Todos
los chicos tienen un saber previo sobre las comunidades
nativas, y es muy interesante que logren expresarlo para
reconocer sus ideas preconcebidas al respecto y poder ampliar
la propia perspectiva a medida que el proyecto se despliega.
Para realizar el dictado se pueden elegir las imágenes que el
maestro considere más representativas, indicándoles que ilustren,
por ejemplo, a un niño, una mujer, un cacique, una vivienda, un
animal importante, utensilios y prendas de vestir típicas.
Es importante incentivar a los chicos a que usen colores, formas
y estilos que ellos crean más cercanos a la realidad. Cada chico
tendrá una serie de cartulinas de 10 x 15 cm aproximadamente,
para realizar las ilustraciones, que se agruparán en una gran
cartelera titulada "Así imaginamos a los indios".
En este primer momento, será fundamental que el docente
sirva de simple "mediador", sin corregir ni destacar ninguna
ilustración en particular, para permitir que los chicos logren
plasmar sus propias imágenes y representaciones.

Muy probablemente, los dibujos ilustrarán, en su gran mayoría, a los indios de las praderas. Es decir, indios con plumajes que decoran sus cabellos, en tipis (carpas indias), con caballos y casacas de cuero como vestimenta. ¿Por qué? ¡Porque éstas son las imágenes a las que todos nos hemos acostumbrado a través de los medios de comunicación masivos! Desde los viejos largometrajes y series televisivas de indios y *cowboys*, hasta las últimas películas de dibujos animados y buena parte de las historietas para chicos que abordan la temática, tienen a los indios de las praderas como sus personajes principales.

Cuando todos los dibujos de los chicos estén en la cartelera, el docente podrá abrir el diálogo entre ellos, al realizar preguntas abiertas que favorezcan la reflexión y la expresión por parte de los estudiantes. ¿Qué comunidades nativas creen que están representadas en los dibujos? ¿Todos los indios usan plumas en la cabeza, viven en carpa y andan a caballo? ¿Dónde vimos indios como éstos?

A lo largo del proyecto, los chicos podrán investigar y rastrear en los medios de comunicación masivos todo el material que aparezca respecto de las comunidades nativas, para analizar su contenido, clasificar los datos que aportan, y desarrollar una mirada crítica respecto a la "realidad" que crean. Quizás una segunda cartelera podrá recopilar toda la información que los chicos encuentren, bajo el título: "Así imaginan los medios de comunicación a los indios".

A partir de esta labor, se podrá acotar la información específica respecto de los indios de las praderas, y contextualizarlos en relación con otras comunidades nativas, y, en particular, con las del propio país.

📐 Una constitución para la propia tribu

Los indios de las praderas norteamericanas continúan autodenominándose la gente de las naciones. Como tales, luchan por mantener el equilibrio entre la imperiosa necesidad de preservar sus tradiciones y la no menos necesaria exigencia de responder a las circunstancias que impone su pertenencia a otra nación, la de los Estados Unidos. Un ejemplo de la búsqueda de este equilibrio es la Constitución y las leyes de la Tribu Sioux del Río Cheyenne. Creada en 1935 y modificada por última vez en 1992, esta Constitución establece las regulaciones para la organización interna de la tribu, el modo de representarse políticamente, la administración de las tierras, las normativas judiciales y su relación con el Gobierno Federal. En ella, a su vez, se manifiesta con toda formalidad el espíritu de la tribu, al establecer, entre otras regulaciones, que toda reunión del consejo de la tribu comenzará con un llamado al orden general, un saludo de la tribu, una plegaria y, recién después, el tratamiento de los temas del día. La Constitución contempla también los valores de la tribu, garantizando el ejercicio de la caridad, el acceso a la educación y el bienestar público de la comunidad.

Conocer y compartir estos hechos con los chicos puede resultar una excelente introducción para el estudio de la propia Constitución nacional e, incluso, para la elaboración de una constitución propia para el grado o para toda la escuela. Toda tribu tiene condiciones de pertenencia. ¿Cuáles son las de "la tribu" que conforma el grado? ¿Qué partes de la vida

escolar son lo suficientemente importantes como para regular su funcionamiento? ¿Cómo redactar los artículos de esta constitución del grado? ¿Qué valores consensúan en privilegiar?

Será fundamental que, una vez que se haya elaborado el texto, todos los miembros involucrados conozcan estas "leyes" y se comprometan a cumplirlas, siendo los adultos quienes dan el ejemplo en aceptar lo pactado. Es sólo gracias a este compromiso que la propuesta podrá ser efectivamente educativa para los chicos.

Con los ojos de la gente de las praderas

La noción de tiempo y espacio, la vinculación e identificación de los indios de las praderas con la naturaleza y su profundo amor por la Tierra son vivencias que van más allá de lo expresable con palabras. Muchas de estas experiencias quedan plasmadas en los juegos de los niños, que constituyen el intenso encuentro entre su ser interno y el descubrimiento y la exploración del entorno. Éstas son algunas propuestas para poder abordar esos ejes.

Para las comunidades nativas, el juego forma parte integral de la vida, y de él disfrutan tanto los chicos como los grandes. Si bien muchos juegos de niños tienen una finalidad educativa que les permite desarrollar habilidades necesarias para la vida adulta, en muchas otras ocasiones el juego es valorado en sí mismo como instancia de distensión, regocijo, desafío y encuentro.

Los juegos tradicionales de los indios **cree**, por ejemplo, reflejan muchas de las costumbres de sus antepasados, así como también el medio ambiente en el que habitan. Sus juguetes pueden ser divididos en tres clases: aquellos que son de entretenimiento (como los *buzzers*), aquellos que son réplicas en miniatura del mundo de los adultos (tipis, muñecos, arcos y flechas, etc.) y, por último, los juguetes hechos por los mismos niños.

Son muchos sus juegos y juguetes. Presentamos aquí algunos de ellos a modo de ejemplos.

Buzzers: éste es un juguete de las tribus nativas de Norteamérica en general, especialmente de las tribus **cree** y **sioux**. Para prepararlo, se ensarta con una cuerda de unos 50 centímetros de largo un botón hecho de hueso o madera y se atan las puntas de la cuerda con un nudo. El juego consiste en sostener cada extremo de la cuerda con una mano y hacer que el botón del medio gire rápidamente al sostener la cuerda enroscada, tensándola y aflojándola, para hacerla sonar. Mientras más rápido se mueven las manos, mayor es el sonido que se logra emitir.

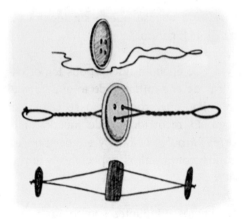

"Ne-chi-min-an-askikos": consiste en formar una ronda dándose las manos. Un chico se coloca en el centro y trata de romper el círculo, logrando que se zafen las manos de dos niños (no vale saltar por arriba ni pasar por debajo de los brazos unidos). Los chicos en la ronda giran y cantan "ne-chi-min-an-askikos". Cuando el del centro logra romper el círculo, corre para escaparse y todos los chicos de la ronda tratan de atraparlo. El que lo logra va al centro y se repite el juego.

El juego de Choom Choom: dos equipos se ponen en fila. Cada chico toma por la cintura al nene que tiene adelante y se sientan todos a la vez sobre las rodillas del que está atrás. Cantando "choom choom", gana el equipo que logra llegar más lejos sin que nadie se caiga.

Cambiar lugares: todos los jugadores excepto uno se paran en círculo. Cada uno marca su lugar con una alfombrita u otro objeto. Otro jugador se para en el centro del círculo. Los jugadores cambian de lugar entre sí constantemente. La persona del medio intenta ocupar un lugar que quede libre. Si lo logra, la persona que se quedó sin lugar va al medio del círculo para seguir jugando.

Seguir al "jefe": se elige un líder. Todos los otros jugadores se ubican detrás de él e imitan todo lo que hace el líder, sin tropezarse. Los que tropiezan o se caen, deben salir del juego. El recorrido puede incluir subir colinas o sortear árboles caídos, y el líder puede agregar desafíos como saltos especiales y una "vuelta carnero".

Muchos otros juegos y juguetes son comunes también en nuestras culturas, como por ejemplo, ensartar una arandela en un poste, tirar palitos e intentar sacarlos uno a uno sin mover el resto (los "palitos chinos"), hacer diseños con una cuerda entrelazada en los dedos de ambas manos (como las puertas del tipi, la aleta de un pez, los pies de un pájaro y el nido de un cuervo), jugar a "las bolitas" (canicas) para ver quién las hace llegar más lejos y, por último, hacer girar un cuerpo romboidal sobre su eje vertical ("el trompo"). Todos los indios nativos de América del Norte disfrutan también de correr carreras, teniendo variantes como las de correr dando saltos con un solo pie.

Más allá de conocer y disfrutar de algunos de los juegos de los indios de las praderas, los chicos podrán también investigar los juegos y juguetes de la propia cultura y descubrir sus orígenes, e incluso clasificarlos. ¿Cuántas clases de juguetes conocen? ¿Son todos de entretenimiento? ¿Cuáles son los juguetes habitualmente hechos por los mismos chicos en la propia comunidad?

Una armonización con historia

Es recomendable leer la armonización algunas veces antes de presentarla en la clase, hasta que se sienta confianza y comodidad haciéndolo. Si el grupo nunca hizo una armonización antes, es importante anticipar en qué consistirá la actividad y que se trata de un ejercicio individual, que permitirá descubrir el mundo de "las praderas" en el interior de cada uno.

Me siento en una posición cómoda, con la espalda derecha y las manos relajadas, cerrando los ojos. Al concentrarme en mi respiración, siento la frescura del aire que entra por la punta de mi nariz y la tibieza del aire que sale de ella. Inhalo una vez más y, en este estado de calma, abro los ojos y me dispongo a escuchar la historia de una pequeña niña cheyene.

Era una época de gran sequía y todos en la tribu estaban

entristecidos. El hombre medicina subió a la colina para pedir ayuda a los dioses y volvió con su respuesta en los labios y la esperanza se encendió en las miradas de todos en la tribu. "El indio se ha vuelto egoísta. Ya no quiere compartir lo que le pertenece. Entonces, nosotros tampoco deseamos ofrecerle nuestro bien más preciado: el agua de nuestras nubes. Si tan sólo una persona de la tribu ofreciera al fuego el objeto que más ama, entonces nosotros devolveremos la generosa lluvia a las praderas." Así habló el mensajero de los dioses, el hombre medicina. Pero los indios ya no sonreían cuando terminaron sus palabras. Cada uno se alejó del fuego hacia la oscuridad de su tipi, pensando para sus adentros: "Nos hace mucha falta la lluvia, pero no puedo sacrificar mi casaca bordada con espinas de puercoespín, ¿si así lo hiciera, con qué me vestiría?" "Si sacrifico mi caballo, ¿cómo podré cazar el bisonte?". Así, todos en la tribu se alejaron, sin querer perder aquel bien que más amaban. Todos, salvo La-que-está-sola, una pequeña niña huérfana, que todo lo que tenía era una muñeca de cuero de bisonte que le había hecho su mamá cuando aún vivía. La-que-está-sola tomó una rama encendida del fogón y subió a la colina donde el hombre medicina había recibido el mensaje de los dioses. Mirando al cielo, les habló con las palabras simples que ella conocía. "¡Dioses del cielo, de las nubes, de la lluvia! Sé que mi muñeca es muy poca cosa para seres tan grandes y nobles como ustedes. Pero es todo lo que tengo para ofrecerles. ¡Por el bien de mi gente, de mi tribu, les ofrezco mi muñeca! ¡Que vuelva a nosotros la lluvia!" Hizo entonces una pequeña fogata con la rama encendida, miró y acarició por última vez a su muñeca, la entregó al fuego y, rendida por el calor y el cansancio, se quedó dormida.

La despertó un sonido que ella no recordaba haber oído. Era un repiqueteo que sonaba cada vez más fuerte sobre la tierra, como si le *estuvieran haciendo cosquillas. Era la lluvia. Generosa. Vital. Sonora. El agua penetró la tierra reseca, nutriendo sus entrañas. Allí, dormidas, despertaron las semillas de las flores, que al poco tiempo brotaron y decoraron nuevamente las praderas. En especial, unas florcitas celestes, en forma de bonete. Por ello, a La-que-está-sola, todos la conocieron como Bonete Azul desde aquel día.*

Luego de la armonización, se puede mantener por unos momentos el clima de silencio, invitando a los chicos a reflexionar sobre la enseñanza de este relato. ¿Pueden reconocer ellos las necesidades de la propia comunidad? ¿Qué acciones se creen capaces de emprender para resolverlas? ¿Pueden "pequeños" aportes favorecer "grandes" logros? ¿Con qué hechos concretos podrían brindar generosamente algo de sí para el bien común?

 La educación de los adolescentes, una pedagogía a imitar
Para los **sioux** era fundamental la cacería y la defensa. Educaban entonces a los jóvenes para que pudieran convertirse en cazadores y guerreros. Pero antes cumplían tres etapas: en la primera, de niño, el padre lo proveía de un pequeño arco con flechas, con los cuales traía en algún momento su primera presa, lo que era objeto de grandes agasajos por su familia; en la segunda etapa, ya cerca de los diez años, se lo entrenaba con un arco mucho más grande, con el cual cazaba un venado; ya adolescente, en la tercera etapa, salía a cazar, con las armas verdaderas, un bisonte. Si volvía con la presa, se había convertido en un adulto.

Los seis principios sioux son:

- el sentido de finalidad (ninguno de los aprendices desconocía la finalidad para la que estaba siendo educado);

- la ausencia de acciones avergonzantes (la herramienta/arma con la que aprendían estaba a la altura de sus posibilidades);

- la presencia de un maestro que habilita el aprendizaje;

- el proceso de aprendizaje estructurado en etapas (resulta más alentador conocer los objetivos intermedios que un larguísimo camino sin escalas);

- la valoración relativa (todo era valioso: cazar un bisonte o cazar un ratón; todo estaba en relación con las capacidades de la persona, evitando una vez más las humillaciones frente a los más fuertes y experimentados);

- la celebración social de los éxitos personales (todo éxito personal era considerado un aporte a la tribu como ente colectivo).

Bibliografía recomendada

Brown, Joseph E. y Alce Negro. *La pipa sagrada. Los siete ritos de los indios sioux*, Taurus, Madrid, 1980.

Brown, Joseph E. *Animales del alma*, José J. de Olañeta, Palma de Mallorca, 1994.

Brown, Joseph E. *El legado espiritual del indio americano*, José J. de Olañeta, Palma de Mallorca, 1996.

Cacique Seattle y otros (Miguel Grinberg, comp.). *Cartas por la Tierra*, Longseller, Buenos Aires, 1999.

Camus, William. *Leyendas de los pieles rojas*, Espasa-Calpe, Madrid, 1986.

Curtis, Edward S. *El indio norteamericano* (24 volúmenes), José J. de Olañeta, Palma de Mallorca, 1993.

Eastman, Charles A. (Ohiyesa). *El alma del indio*, José J. de Olañeta, Palma de Mallorca, 1991.

Exley, Helen. *Ojalá camine por la belleza...*, Edaf, Madrid, 1998.

Jefe Casaca Roja. *Hermano, el Gran Espíritu nos ha creado a todos*, José J. de Olañeta, Palma de Mallorca, 1995.

Jefe Joseph. *Éramos como el ciervo*, José J. de Olañeta, Palma de Mallorca, 1995.

Luling, Virginia. *Indios de las praderas*, Espasa-Calpe, Madrid, 1981.

Mails, Thomas E. *Cuervo Loco, sabiduría y poder*, Ediciones Obelisco, 2001.

Muñoz Puelles, Vicente (comp.). *Los pieles rojas*, La Máscara, Valencia, 1998.

Neihardt, John G. *Alce Negro habla*, José J. de Olañeta, Palma de Mallorca, 1991.

Piquemal, Michel (comp.). *Palabras de los indios norteamericanos*, Ediciones B, Barcelona, 1999.

Schuon, Frithjof. *El sol emplumado. Los indios de las praderas a través del arte y la filosofía*, José J. de Olañeta, Palma de Mallorca, 1992.

Serra, Esteve (comp.). *El sagrado aroma del mundo*, José J. de Olañeta, Palma de Mallorca, 1996.

Spence, Lewis. *Indios de Norteamérica*, M. E. Editores, 1995.

Taylor, Colin F. y Sturtevant, William C. *Los nativos americanos*, Libsa, Madrid, 1992.

Zimmerman, Larry. *Indios norteamericanos*, Debate/Círculo de Lectores, Barcelona, 1997.

GLOSARIO

ALCE NEGRO 🔊 **Black Elk. Hehaka Sapa.** Tal vez el más famoso hombre de conocimiento entre los sioux oglalas (1864-1950).

APACHES 🔊 Grupo indígena que ocupó gran parte de Nuevo México y Arizona, donde aún viven sus descendientes.

ARAPAHOES 🔊 Grupo indígena originario de las Black Hills, en Dakota del Sur. Hoy viven en reservas en Oklahoma y Wyoming.

CABALLO LOCO 🔊 **Crazy Horse. Tashunko Witko. Caballo Espíritu.** Jefe sioux oglala, famoso por su intransigencia ante el blanco. Encabezó junto a Toro Sentado las fuerzas indias en el combate de Little Bighorn, contra el general Custer. Nunca se dejó fotografiar, por lo que no se conoce su rostro. Murió muy joven, a manos de sus captores, en 1877.

CABAÑA DE SUDAR 🔊 **Sweat Lodge.** Ceremonia de purificación ancestral, basada en la oscuridad, el calor, los cantos y los rezos. Intervienen los cuatro elementos: el aire, la tierra, el fuego y el agua.

CALUMET, CANNUPA 🔊 Pipa de la Paz o pipa sagrada. El primer término es derivado del francés.

COMANCHES 🔊 Grupo indígena integrante de los shoshoni, que ocuparon parte del territorio de Utah, Nevada, California y algunas zonas en los estados de Oregon y Washington. Hoy están asentados en sus reservas de Oklahoma.

COUP 🔊 Golpe (en francés). La mayor hazaña de un indio era ser el primero en tocar al adversario en batalla, sin herirlo, con una lanza curva. A esto se lo llamaba "contar coups". La hazaña siguiente, en orden de importancia, era robar un caballo de un campamento enemigo.

CROWS 🔊 Grupo indígena, emparentado con los hidatsas. Hoy están asentados en Montana.

CHEYENES 🕸 Aliados de los **arapahoes**. Junto con ellos, considerados los más afectos al mundo ceremonial. Hoy viven en dos reservas, en Montana y Oklahoma.

DAKOTA 🕸 Lengua de los sioux, quienes se llamaban a sí mismos **dakota** (pueblo aliado; amigos). Las palabras **lakota** y **nakota** son variantes lingüísticas pertenecientes a otros grupos de la nación sioux.

DANZA DEL SOL 🕸 Importante ceremonia de los indios de las praderas, por la cual los protagonistas eran colgados del pecho con tiras de cuero. Este sacrificio permitía la renovación del mundo. Se practica en nuestros días.

IKTOMI 🕸 Araña, animal sagrado.

KIOWAS 🕸 Grupo indígena vinculado a los shoshonis y los comanches. Asentados al este de las montañas Rocallosas. Hoy viven en Oklahoma.

NUBE ROJA 🕸 **Red Cloud**. Jefe de los sioux teton o lakota. Resistió durante largo tiempo el avance de los blancos. Realizó luego tratados que lo llevaron a parlamentar con las autoridades en la ciudad de Washington.

PEMMICAN 🕸 Carne desecada y molida, preparada como conserva.

PIES NEGROS 🕸 **Blackfoot**. Grupo indígena ubicado originalmente en el extremo noroccidental de las llanuras.

SIOUX 🕸 La nación indígena más conocida de las praderas norteamericanas. Está integrada por los dakota o **santee** (sioux del Este); lakota o **teton** (sioux del Oeste o de las Siete Tribus: oglala, sicanyu —brulé—, hunkpapa, miniconjou, itazipcho, oohenonpas y sihasapas) y los nakota, a los que pertenecen los grupos yankton y yanktonai.

SUNKAWAKÁN 🕸 Caballo o "perro misterioso y sagrado".

TATANKA 🕸 Bisonte (en lengua dakota).

TORO SENTADO 🕸 **Sitting Bull. Tatanka Iyotke**. El más grande jefe de los sioux hunkpapa y uno de los más reconocidos de todos los indios de las praderas. Líder guerrero y espiritual. Al igual que Caballo Loco, murió a manos de sus captores blancos, en 1890.

TIPI 🐾 Vivienda (en lengua dakota).

TUNKASHILA 🐾 Abuelo. Es uno de los aspectos esenciales de Wakan Tanka.

WAKAN 🐾 Sagrado; Misterio, Poder.

WAKAN TANKA 🐾 Lo más sagrado de todo. Esencia impersonal que gobierna el Universo. Gran Espíritu, Gran Misterio, Gran Poder Misterioso, Gran Medicina.

FUENTES DEL GLOSARIO:

Black Elk, Wallace. *II Foro del Consejo Interamericano sobre Espiritualidad Indígena.* Conferencia. Tarapoto, Perú, 1988.

Brown, Joseph E. y Alce Negro. *La pipa sagrada. Los siete ritos secretos de los indios sioux.* Taurus, Madrid, 1980.

Feest, Christian F. *Culturas de los indios norteamericanos.* Könemann, Colonia (Alemania), 2000.

Wissler, Clark. *Los indios de los Estados Unidos de América.* Paidós, Buenos Aires, 1970.

Zimmerman, Larry. *Indios norteamericanos.* Debate/Círculo de Lectores, Barcelona, 1997.